Renate Schupp

Die Weihnachts-geschichte

Mit Illustrationen von Milada Krautmann

Kaufmann Verlag

Vor langer Zeit lebte in der Stadt Rom ein mächtiger Kaiser – der Kaiser Augustus. Seine Soldaten eroberten viele Länder, und so wurde sein Reich immer größer. Er herrschte auch über das ferne Land der Juden. Und seine Beamten und Aufpasser bestimmten alles und wachten darüber, dass die Menschen seinen Befehlen gehorchten.

Den Menschen im Land gefiel das gar nicht. Aber sie hatten insgeheim eine Hoffnung. „Wartet nur", flüsterten sie untereinander, „eines Tages wird Gott uns einen Retter schicken, der wird die Römer aus dem Land jagen und allen Menschen Frieden bringen."

Damals lebte in der kleinen jüdischen Stadt Nazareth eine junge Frau
namens Maria. Sie war verlobt mit Josef, einem Zimmermann.
Jeden Morgen kam Maria mit einem großen Korb auf den Marktplatz
und verkaufte Obst und Gemüse. Die Leute kauften gern bei ihr ein. Denn sie
war freundlich zu allen.
Manchmal kam auch Josef vorbei. Er blieb eine Weile bei ihr stehen, und sie
redeten und lachten miteinander. Wenn er weiterging, sah Maria ihm lange
nach. Und ein glückliches Lächeln lag auf ihrem Gesicht.

Eines Mittags war Maria allein zu Hause. Da stand auf einmal ein Mann vor
ihr in einem weißen Gewand.

„Sei gegrüßt, Maria", sagte er. „Gott hat dich auserwählt unter allen Frauen.
Du wirst einen Sohn zur Welt bringen, den du Jesus nennen sollst. Er wird
der Retter sein, auf den die Menschen warten."

Maria blickte ihn verwundert an. „Wer bist du, Fremder, dass du so mit mir
sprichst?", fragte sie.

„Ich bin Gabriel, der Bote Gottes", erwiderte der Mann.

Ein Engel!, dachte Maria. Sie schlug die Augen nieder und schwieg lange.

Dann sagte sie: „Ich vertraue auf Gott. Alles soll geschehen, wie er will."

Eines Tages kamen Boten aus Rom nach Nazareth und verkündeten: „Befehl des Kaisers Augustus: Alle, die in seinem Reich wohnen, müssen ihm ab jetzt Steuern zahlen. Darum gehe jeder zu dem Ort, an dem er geboren wurde, und lasse sich und seinen Besitz in eine Steuerliste eintragen." Schnell verbreitete sich die Nachricht in der ganzen Stadt, und es entstand eine große Unruhe unter den Menschen.

„Warum sollen wir dem römischen Kaiser Steuern zahlen?", murrten sie. „Er ist doch viel reicher als wir."

Aber der Kaiser hatte es befohlen, und sie mussten gehorchen.

Da legte Josef, der Zimmermann, den Hobel weg, räumte seine Werkstatt auf und führte seinen Esel aus dem Stall. Maria packte ein Bündel mit allem, was sie für die Reise brauchen würden, und lud es dem Esel auf. So machten sie sich auf nach Bethlehem, denn dort war Josef geboren.

Der Weg von Nazareth nach Bethlehem war weit und beschwerlich. Maria ritt auf dem Esel, denn es war geschehen, was der Engel Gabriel ihr angekündigt hatte: Sie war schwanger, und das Laufen fiel ihr schwer.

Endlich kamen Maria und Josef in Bethlehem an. Es war spät am Abend
und schon dunkel, und sie waren beide sehr müde. Doch die erste Herberge,
bei der sie anklopften, war besetzt.
„Ihr kommt zu spät", sagte der Wirt. „Versucht es woanders!"
Aber wo sie es auch versuchten, überall wurden sie weggeschickt. Selbst
in der letzten Herberge, schon fast am Ende von Bethlehem, war nichts
mehr frei.

„Nur ein Plätzchen für Maria", bat Josef. „Schaut sie doch an, sie kann nicht mehr."

Der Wirt schüttelte den Kopf. „Tut mir leid", sagte er.

Doch bevor er die Tür wieder schließen konnte, trat seine Frau dazwischen. Sie sah Maria an und hatte Mitleid mit ihr.

„Wartet, wir haben einen Stall", sagte sie. „Dort ist es warm und ihr könnt euch von eurer langen Reise ausruhen und schlafen."

Und sie holte eine Laterne und führte Josef und Maria zum Stall.

Es war eine klare, kalte Nacht, und am Himmel funkelten
die Sterne. Im Stall aber war es dunkel. Die Wirtsfrau ließ
die Laterne zurück, so konnten Josef und Maria den Och-
sen sehen, der hinten im Stall lag und schlief. Er bewegte
sich, als die Stalltür anschlug, und brummelte leise.
In der Ecke lag ein Haufen Stroh. Daraus bereitete Josef ein
bequemes Lager für Maria. Sie legte sich hin und schlief
sofort ein.
In dieser Nacht wurde Jesus geboren. Maria wickelte ihn
in Windeln und legte ihn in die Futterkrippe, auf Heu und
Stroh, denn etwas anderes hatte sie nicht.

In derselben Nacht waren in der Nähe von Bethlehem Hirten auf einem Feld bei ihren Schafen. Sie saßen um ein Feuer und redeten dies und das über den vergangenen Tag.

Da leuchtete plötzlich ein großes Licht am Himmel. Es bewegte sich und kam ganz nah herunter. Und ein Engel trat hervor und sprach zu den Hirten: „Fürchtet euch nicht, denn ich verkündige euch eine große Freude: Heute Nacht ist in Bethlehem der Retter geboren, auf den ihr alle wartet. Ihr findet ihn in einem Stall. Dort liegt er in einer Krippe auf Heu und Stroh."

Auf einmal kamen von allen Seiten viele Engel herbei, die lobten Gott und sangen: „Ehre sei Gott in der Höhe und Friede auf Erden allen Menschen, die Gott lieben."

Als der Gesang der Engel verklungen war, verlosch das Licht, und es war
wieder dunkel wie zuvor.

„Habt ihr gehört, was der Engel gesagt hat?", fragten die Hirten aufgeregt.

„Der Retter ist geboren! Kommt, lasst uns nach Bethlehem gehen."

Sie machten sich sogleich auf den Weg und fanden den Stall und darin
Maria und Josef und das Jesuskind in der Krippe.

Jesus schlief friedlich. Aber es ging ein Leuchten von ihm aus, das den
düsteren Stall erhellte und den Hirten das Herz wärmte.

Leise erzählte der älteste der Männer, was der Engel ihnen verkündet hatte.

„Der Retter ist geboren", flüsterte er, und alle knieten nieder und beteten
still. Dann gingen sie wieder hinaus und verbreiteten die frohe Nachricht.

Maria aber merkte sich alles, was sie erzählt hatten, und bewahrte es in
ihrem Herzen.

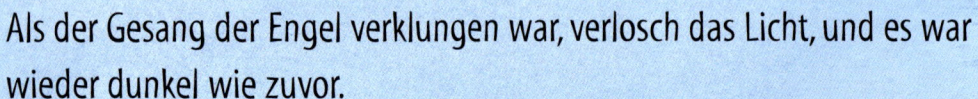

Zur gleichen Zeit kamen drei Sterndeuter aus einem fernen Land,
weit weg im Osten. Sie hatten am Himmel einen Stern entdeckt,
der heller leuchtete als alle anderen.

In ihren alten Büchern stand: Dieser Stern bedeutet, dass im
jüdischen Land ein neuer König geboren ist, der den Menschen
Frieden bringen wird. Da beschlossen sie: „Kommt, wir wollen das
neue Königskind begrüßen und ihm Geschenke bringen."

Und sie sattelten ihre Kamele. Und der Stern ging vor ihnen her
und zeigte ihnen den Weg.

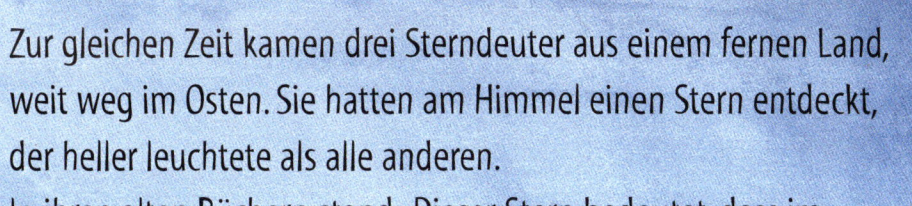

Als die Sterndeuter in Bethlehem ankamen, blieb der Stern über dem Stall stehen. Da wunderten sie sich sehr.

„Ein Königskind in einem Stall?", fragten sie einander. „Wie kann das sein?"

Sie gingen hinein, und da waren Maria und Josef und das Jesuskind. Es schaute die Sterndeuter an, und es war ein Strahlen in seinen Augen – heller als das Strahlen des Sterns, dem sie gefolgt waren.

Da wussten sie, dass sie den richtigen Ort gefunden hatten.
Sie knieten nieder vor dem Kind und beteten es an. Dann packten sie
die Geschenke aus – Gold, Weihrauch und Myrrhe. Und nachdem sie
alles ausgebreitet hatten, verbeugten sie sich ehrfürchtig und kehrten
in ihr Land zurück.
Und sie dankten Gott für alles, was sie gesehen hatten.

Bibliografische Information der Deutschen Bibliothek
Die Deutsche Bibliothek verzeichnet diese Publikation in der Deutschen Nationalbibliografie;
detaillierte bibliografische Daten sind im Internet über http://dnb.ddb.de abrufbar.

5. Auflage 2022
© 2016 Verlag Ernst Kaufmann, Lahr

Printed by LEO Paper

ISBN 978-3-7806-6253-8